功能性健身动作指导丛书

泡沫轴

训练全书

▶ 精编视频学习版

赵 芮_编著

人民邮电出版社

北 京

图书在版编目（ＣＩＰ）数据

泡沫轴训练全书 ：精编视频学习版 / 赵芮编著. --
北京 ：人民邮电出版社，2023.6
（功能性健身动作指导丛书）
ISBN 978-7-115-61380-6

Ⅰ．①泡… Ⅱ．①赵… Ⅲ．①身体训练－图解 Ⅳ.
①G808.14-64

中国国家版本馆CIP数据核字(2023)第063817号

免责声明

本书内容旨在为大众提供有用的信息。所有材料（包括文本、图形和图像）仅供参考，不能替代医疗诊断、建议、治疗或来自专业人士的意见。所有读者在需要医疗或其他专业协助时，均应向专业的医疗保健机构或医生进行咨询。作者和出版商都已尽可能确保本书技术上的准确性以及合理性，并特别声明，不会承担由于使用本出版物中的材料而遭受的任何损伤所直接或间接产生的与个人或团体相关的一切责任、损失或风险。

内 容 提 要

本书针对泡沫轴这一健身常用的小器械，进行了基础知识和训练动作的讲解，并提供了针对不同身体部位和不同身体素质的训练方案。在训练动作讲解部分，本书精选了90余种提升灵活性、平衡性、稳定性和柔韧性的动作，对动作练哪里进行了介绍，对动作如何做进行了分步骤图文讲解，还提供了部分动作的专业演示视频，能帮助读者更好地理解每个动作的功效，掌握每个动作的全程和细节，从而挑选与自身需求相匹配的动作。

相信通过阅读本书，有健身需求的普通人将能够系统掌握泡沫轴训练的方法，健身教练、体能教练等专业人士将能够更好地提供锻炼指导服务。

◆ 编　著　赵　芮
　　责任编辑　刘　蕊
　　责任印制　周昇亮

◆ 人民邮电出版社出版发行　　北京市丰台区成寿寺路 11 号
　　邮编　100164　　电子邮件　315@ptpress.com.cn
　　网址　https://www.ptpress.com.cn
　　大厂回族自治县聚鑫印刷有限责任公司印刷

◆ 开本：700×1000　1/16
　　印张：7.75　　　　　　　　　2023 年 6 月第 1 版
　　字数：156 千字　　　　　　　2023 年 6 月河北第 1 次印刷

定价：39.80 元

读者服务热线：(010)81055296　印装质量热线：(010)81055316
反盗版热线：(010)81055315
广告经营许可证：京东市监广登字 20170147 号

在线视频访问说明

本书提供了大部分训练动作的在线视频，您可通过微信"扫一扫"，扫描训练动作页面上的二维码进行观看。

步骤 1

点击微信聊天界面右上角的"+"，弹出功能菜单（图1）。

步骤 2

点击弹出的功能菜单上的"扫一扫"，进入该功能界面。扫描训练动作页面上的二维码，扫描后可直接观看视频（图2）。

图1

图2

扫描右方二维码添加企业微信。

1. 首次添加企业微信，即刻领取免费电子资源。

2. 加入体育爱好者交流群。

3. 不定期获取更多图书、课程、讲座等知识服务产品信息，以及参与直播互动、在线答疑和与专业导师直接对话的机会。

目录
CONTENTS

第1章

关于泡沫轴

- 泡沫轴简介
- 泡沫轴的选择
- 泡沫轴的训练优势
- 泡沫轴训练的注意事项

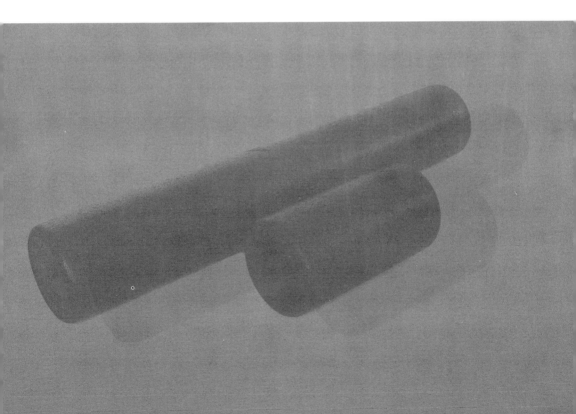

1.1 泡沫轴简介

　　泡沫轴是一种小型健身器材，主要由低密度、高弹性、高韧性的材料制成，质地轻，具有良好的缓冲性，常用于帮助健身者进行平衡性、柔韧性和稳定性的强化训练。

　　随着健身潮流的兴起，健身者将原本只用于物理治疗的器材，开发并应用于健身领域，如弹力带、瑞士球和泡沫轴等。泡沫轴最初应用于物理治疗领域，雏形为圆木筒。患者在圆木筒上滚动按摩，利用自身体重对肌肉施加压力，从而促进血液循环，加快神经和肌肉的康复。但因为圆木筒较硬，人们逐渐改用其他稍微软一些的材质来代替圆木筒，于是诞生了泡沫轴。

　　泡沫轴的按摩功能可以帮助人们放松肌肉，促进血液循环，适合用于健身后的放松训练。此外，泡沫轴因形状带来的不稳定性，使其经常被用作不稳定训练的辅助器材。因此，泡沫轴广泛应用于健身训练，并且越来越受欢迎，泡沫轴种类也逐渐增多。目前，从形状来说，泡沫轴分为柱体和半柱体两种；从表面质地来说，泡沫轴分为表面平滑的和表面带有纹路的两种。

　　泡沫轴目前主要应用于健身领域和医疗康复领域。从功能角度来说，泡沫轴主要应用于：筋膜的自我按摩和放松；扳机点的治疗；辅助进行不稳定训练。

1.2 泡沫轴的训练优势

筋膜的自我按摩和放松 ▁

　　人体内的各种器官与组织，无论是心脏、肝、脾、肺和肾等，还是肌肉、淋巴和血管等，都由贯穿全身的筋膜结缔组织包裹着，后者具有保护、间隔的作用。筋膜虽然有保护作用，但在器官和组织受到伤害的情况下（如外力导致的损伤，或者过度运动和劳累造成的损伤），也会受到损伤，并进行自我修复。在修复过程中，再生筋膜组织中的一部分会不恰当地与其他筋膜长在一起，产生"粘连"的情况，从而使筋膜不能自由滑动，肌肉运动受阻并产生疼痛感。

　　那如何解决这种粘连的状况呢？按摩就是很好的办法。按摩可以促使筋膜脱离其他不相干的组织，回归原位。在这个过程中，虽然会产生微弱的疼痛感，但最终的结果是身体恢复健康。

　　无论是健身后肌肉的紧张，还是运动过度造成的损伤，都可以用泡沫轴进行自我按摩，使筋膜恢复功能，促进血液循环，从而加速损伤愈合。

扳机点治疗 ▁

　　扳机点是身体肌肉内能触发疼痛的纤维结节。如果不及早解决，后续可能导致慢性功能障碍，甚至严重的损伤，治疗成本可能非常昂贵。预防总是比治疗更容易、更便宜。

　　扳机点没有办法消除，只能通过按摩来阻止肌肉的疼痛循环，减轻疼痛，这可以借助泡沫轴来实现。

良好的预防功能 ▁

　　人体本身的设计方式非常巧妙，如果保养得好，就能在很长一段时间内有效地运转。不幸的是，日常生活活动或过度使用导致身体经常被误用或滥用。不论是经常锻炼的群体，还是久坐的群体，都可以从每天几分钟的轻度伸展和放松中获益。使用泡沫轴放松可以很好地达到这种效果。每天适量的温和运动可以润滑关节，使关节灵活自如。

训练平衡感的好帮手 ▬

　　良好的平衡能力可以通过泡沫轴训练获得，当处在一个不稳定的表面，如泡沫轴上时，身体需要牵动更多的表面肌肉和深层肌肉，以保持适当的平衡和身体姿势。有些人经常站在或躺在泡沫轴上进行日常锻炼，这样做不仅锻炼了某块独立的肌肉，而且动用了很多重要的深层肌肉。

综合提高身体素质 ▬

　　泡沫轴训练除了能够提升人体平衡能力之外，还有助于有效提升关节活动度、身体感知能力、核心力量、灵活性、协调性和专注力，降低肌肉紧张度，缓解剧烈运动后的延迟性肌肉酸痛以及抑制肌肉表现能力下降等。

受众范围广 ▬

　　泡沫轴是相对安全的小型健身器材，大多数群体都适合使用泡沫轴训练。

便利性 ▬

　　泡沫轴价格相对较低，质量较轻，体积较小，方便携带、存放，是一种相当便利的运动器材。

泡沫轴的类型 ▬

　　泡沫轴有不同的形状、大小和密度。最常见的泡沫轴分为柱体和半柱体两种，长度为 30 ~ 90 厘米，直径为 15 厘米左右。

　　半柱体泡沫轴称为"半泡沫轴"，一面是平的，另一面呈现半圆弧度。除此之外，泡沫轴的表面有光滑和凹凸不平之分，质感也有软硬之分。

泡沫轴的选择原则 ▬

　　泡沫轴类型丰富，训练者可以根据自己的身高、体重、经验、水平以及训练目标进行选择。

　　对于不稳定性训练的初学者来说，建议从半泡沫轴开始，它稳定性高，更适合入门级训练。但如果要挑战自己，也可以选择不稳定性更强的柱体泡沫轴，进行进阶训练。

　　密度较大、质地结实的泡沫轴适用于自我按摩，但如果训练者身体特别僵硬，则需要从较软的泡沫轴开始，以便于肌肉可以更好地适应压力。

　　对于想进行多方位的泡沫轴训练的训练者，有时需要较长的泡沫轴，有时需要较短的泡沫轴，那么建议购买长泡沫轴，再根据需要截取成合适的长度。

1.4 泡沫轴训练的注意事项

进行泡沫轴训练时，一定要重视以下注意事项，避免在运动时受伤。泡沫轴使用过程中，如果存在以下情况，例如剧烈疼痛、关节活动范围有限、平衡性差，以及在无人帮助时无法从地面站起来等，不建议进行泡沫轴训练。

训练环境

使用泡沫轴训练时一定要选择稳定且防滑的地面。在将泡沫轴作为不稳定性训练辅助器械时，要注意保持平衡。同时要确保周围没有其他障碍物，防止在不慎跌倒时恰巧撞到。

刚开始接触泡沫轴训练时，建议在旁边安排看护人员，同伴既可以帮助监督动作的正确性，也可以在训练者无法保持平衡时提供帮助。

按摩部位及顺序

只按压身体的软组织部位，注意避开关节的骨性部位和受伤部位，不要在敏感部位制造疼痛感或进行长时间按压。一般来说，从身体近端开始，然后逐渐滚向远端；从浅层按摩开始，然后逐步过渡到较深层次的按摩；从按摩大肌肉群开始，然后按摩单独的肌肉组织。

关于"疼痛"

泡沫轴按摩并不是越疼越好，要在自身可承受范围内进行。如果很疼，就需要改变力度，或者暂时换其他部位进行按摩。总体原则是，按摩后要感觉舒服，而不是持续地感到疼痛。

其他注意事项

训练及按摩动作要正确；注意保持呼吸，无须屏住呼吸；着装适当宽松。

第2章

训练方案

2.1 踝关节灵活性训练方案

此方案可以有效激活踝关节周围肌肉，增加关节灵活度，改善训练前肌肉僵硬。

1 坐姿－足外侧放松
每侧 30 秒 / 组，1 组，无间歇
第 22 页

2 仰卧－单侧小腿放松
每侧 30 秒 / 组，1 组，无间歇
第 77 页

3 跪姿－胫骨前肌放松
每侧 30 秒 / 组，1 组，无间歇
第 29 页

4 坐姿－足底滚动
8 次 / 组，1 组，无间歇
第 25 页

5 半轴－坐姿－双侧踝屈伸
8 次 / 组，1 组，无间歇
第 26 页

2.2 踝关节稳定性训练方案

此方案针对踝关节损伤预防制定，可以有效激活踝关节周围肌肉，改善训练前肌肉僵硬，增强关节稳定性。注意，不要在疲劳的状态下训练。

关于泡沫轴

训练方案

训练动作

1 半轴－站姿－稳定－双腿平衡静力
30秒/组，2组，无间歇
第43页

2 半轴－站姿－不稳定－双腿平衡静力
30秒/组，2组，无间歇
第44页

3 半轴－站姿－稳定－单腿平衡静力
每侧30秒/组，1组，无间歇
第45页

4 半轴 - 站姿 - 不稳定 - 单腿平衡静力
每侧 30 秒 / 组，1 组，无间歇
第 46 页

5 半轴 - 稳定 - 纵向 - 单腿平衡
每侧 30 秒 / 组，1 组，无间歇
第 51 页

6 半轴 - 不稳定 - 纵向 - 单腿平衡
每侧 30 秒 / 组，1 组，无间歇
第 52 页

2.3 下肢激活训练方案

此方案可以有效激活下肢肌群，提高神经－肌肉连接的兴奋性，改善训练前下肢肌肉僵硬。

1 半轴－站姿－不稳定－双腿平衡静力
30秒／组，2组，无间歇
第44页

2 半轴－稳定－双腿半蹲
2次／组，2组，无间歇
第48页

3 半轴－稳定－单腿蹲
每侧2次／组，1组，无间歇
第57页

4 半轴 – 瑞士球 – 稳定 – 下蹲捡球
2次/组，2组，无间歇
第49页

5 双半轴 – 不稳定 – 纵向 – 滑雪双腿平衡
30秒/组，2组，无间歇
第54页

6 半轴 – 稳定 – 纵向 – 分腿蹲
每侧2次/组，1组，无间歇
第58页

7 半轴 – 不稳定 – 纵向 – 分腿蹲
每侧2次/组，1组，无间歇
第59页

此方案可以促进训练后肌肉酸痛的恢复，消除疲劳，预防损伤。

1 仰卧 - 单侧小腿放松
每侧 30 秒 / 组，1 组，无间歇
第 77 页

2 仰卧 - 单侧腘绳肌放松
每侧 30 秒 / 组，1 组，无间歇
第 78 页

3 仰卧 - 单侧臀肌放松
每侧 30 秒 / 组，1 组，无间歇
第 76 页

4 侧卧 - 单侧髂胫束放松
每侧 30 秒 / 组，1 组，无间歇
第 85 页

5 跪姿 - 胫骨前肌放松
30 秒 / 组，1 组，无间歇
第 29 页

6 俯卧 - 单侧股四头肌放松
每侧 30 秒 / 组，1 组，无间歇
第 79 页

7 俯卧 - 单侧大腿内侧放松
每侧 30 秒 / 组，1 组，无间歇
第 81 页

2.5 核心激活训练方案

此方案可以有效激活核心区域，提高神经－肌肉连接的兴奋性，增加核心区域关节灵活性，提升运动表现。

1 半轴－稳定－顶髋静力
30秒/组，2组，无间歇
第99页

2 双半轴－稳定－四点支撑－猫式和骆驼式练习
2次/组，2组，无间歇
第34页

3 侧卧－胸大肌拉伸
每侧2次/组，2组，无间歇
第86页

4 双半轴－稳定－四点支撑－交替抬手
2次/组，2组，无间歇
第35页

5 双半轴 – 稳定 – 四点支撑 – 交替抬腿
2 次 / 组，2 组，无间歇
第 36 页

6 双半轴 – 稳定 – 手脚复合练习
2 次 / 组，2 组，无间歇
第 37 页

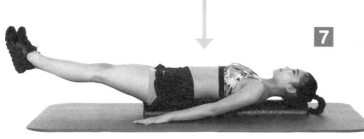

7 半轴 – 仰卧 – 稳定 – 双腿蹬
2 次 / 组，2 组，无间歇
第 112 页

8 半轴 – 仰卧 – 稳定 – 手脚复合练习
每侧 2 次 / 组，2 组，无间歇
第 94 页

此方案可以放松核心区域紧张的大肌肉群，促进训练后肌肉酸痛的恢复，消除疲劳，预防损伤。

1 仰卧 - 骶骨放松
30 秒 / 组，1 组，无间歇
第 71 页

2 仰卧 - 下背部放松
每侧 30 秒 / 组，1组，无间歇
第 75 页

3 仰卧 - 上背部放松
30 秒 / 组，1组，无间歇
第 72 页

4 仰卧 - 肩胛放松
30 秒 / 组，1组，无间歇
第 73 页

关于泡沫轴

训练方案

训练动作

5 半轴 – 仰卧 – 稳定 – 颈部放松
30 秒 / 组，1 组，无间歇
第 74 页

6 仰卧 – 单侧臀肌放松
每侧 30 秒 / 组，1 组，无间歇
第 76 页

7 侧卧 – 单侧腰部周围放松
每侧 30 秒 / 组，1 组，无间歇
第 83 页

8 侧卧 – 单侧背阔肌放松
每侧 30 秒 / 组，1 组，无间歇
第 84 页

2.7 上肢力量训练方案

此方案可以有效加强上肢力量，增加上肢的关节灵活度，提高身体稳定性，预防上肢损伤。

1 半轴 - 稳定 - 站姿 - 双侧肩外旋
2次/组，2组，无间歇
第67页

2 半轴 - 弹力带 - 稳定 - 平衡上提
每侧2次/组，1组，无间歇
第60页

3 双半轴 - 哑铃 - 稳定 - 纵向 - 双臂弯举
2次/组，2组，无间歇
第64页

4 双半轴 - 哑铃 - 稳定 - 纵向 - 双臂
前平举
2次/组，2组，无间歇
第66页

5 双半轴 - 哑铃 - 稳定 - 纵向 - 双臂侧
平举
2次/组，2组，无间歇
第65页

关于泡沫轴

训练方案

训练动作

2.8 上肢放松训练方案

此方案可以减少上肢肌群的紧张性，促进训练后上肢肌肉酸痛的恢复，消除疲劳，预防损伤。

1 跪姿 – 单侧前臂屈肌放松
每侧 30 秒 / 组，1 组，无间歇
第 30 页

2 俯卧 – 单侧肱二头肌放松
每侧 30 秒 / 组，1 组，无间歇
第 80 页

3 侧卧 – 单侧肱三头肌放松
每侧 30 秒 / 组，1 组，无间歇
第 82 页

4 仰卧 – 静力平衡 – 闭眼
30 秒 / 组，1 组，无间歇
第 115 页

第3章

训练动作

- 坐姿训练动作
- 站姿训练动作
- 跪姿训练动作
- 卧姿训练动作

坐姿 - 足外侧放松

动作步骤 ▶

01 将泡沫轴置于身前垫上，身体坐于与膝盖等高的平面上，躯干挺直，一侧膝盖屈曲呈90度角，全脚掌着地，对侧腿伸直，足跟压于泡沫轴上。

02 足心朝内，练习腿屈曲，足部向后移动，使泡沫轴在足外侧滚动。回到起始姿势，重复以上步骤至规定的时间。换至对侧重复以上步骤。

扫一扫，视频同步学

01

02

向后滚动

目标肌群 ▶ 足外侧肌群。

指导要点 ▶ 保持腹肌收紧和身体稳定。

坐姿 – 单侧腘绳肌放松

动作步骤

身体坐于与膝盖等高的平面上，躯干挺直，双臂自然下垂，双手置于体侧，双腿屈曲，将泡沫轴置于一侧大腿的下方。保持该姿势至规定时间。换至对侧重复以上步骤。

扫一扫，视频同步学

目标肌群 腘绳肌。

指导要点 保持单侧部位按压时间为30秒左右。

坐姿 – 竖脊肌放松

动作步骤

01 身体坐于与膝盖等高的平面上，躯干挺直，全脚掌着地，膝盖屈曲呈90度，双臂伸展，双手扶于膝上，身后为墙壁，背部将泡沫轴压于墙壁上。

02～03 身体向一侧转动约45度，接着回到起始姿势，然后向另一侧转动约45度。回到起始姿势，重复以上步骤至规定的时间。

扫一扫，视频同步学

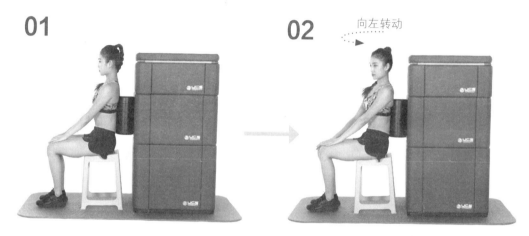

01

02 向左转动

03 向右转动

目标肌群 竖脊肌。

指导要点 保持动作缓慢而稳定。

坐姿 - 足底滚动

扫一扫，视频同步学

动作步骤

01 将泡沫轴置于身前垫上，身体坐于与膝盖等高的平面上，双腿屈曲，双脚脚尖压于泡沫轴上。

02 双腿向前伸直，踝关节跖屈，使泡沫轴逐渐滚至足跟。回到起始姿势，重复以上步骤至规定的次数。

关于泡沫轴

训练方案

训练动作

01

02

目标肌群 踝关节周围肌群。

指导要点 保持腹肌收紧和身体稳定。

半轴 – 坐姿 – 双侧踝屈伸

01 将半泡沫轴平面朝上置于身前垫上，身体坐于与膝盖等高的平面上，躯干挺直，双腿屈曲，双脚脚掌压于半泡沫轴上。

02~03 踝关节跖屈，脚尖下压约45度，接着回到起始姿势，然后踝关节背屈，脚跟下压。回到起始姿势，重复以上步骤至规定的次数。

扫一扫，视频同步学

01

02

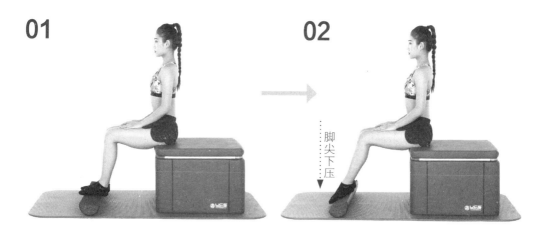

脚尖下压

03

脚跟下压

目标肌群 踝关节周围肌群。

指导要点 保持腹肌收紧和身体稳定。

半轴 - 不稳定 - 坐姿平衡

扫一扫，视频同步学

动作步骤

将一个半泡沫轴平面朝上置于身前垫上，身体坐于与膝盖等高的平面上，在臀部之下放置另一个平面朝上的半泡沫轴，躯干挺直，双腿屈曲，双脚脚掌压于垫上的半泡沫轴上。双手扶于体侧的半泡沫轴上或自然置于大腿上。保持该姿势至规定时间。

目标肌群　核心肌群。

指导要点　保持腹肌收紧和身体稳定。

关于泡沫轴

训练方案

训练动作

半轴 – 坐姿 – 骨盆倾斜练习

扫一扫，视频同步学

01 将一个半泡沫轴平面朝上置于身前垫上，坐于与膝盖等高的平面上，并在臀部之下放置另一个平面朝上的半泡沫轴，躯干挺直，双腿屈曲，双脚脚掌压于垫上的半泡沫轴上。双手扶于臀部下方的半泡沫轴上或自然置于大腿上，保持平衡。

02~03 髋关节伸直，躯干后仰，使骨盆向前倾斜，接着回到起始姿势，然后髋关节屈曲，躯干略微前倾，使骨盆向后倾斜。回到起始姿势，重复以上步骤至规定的次数。

目标肌群 ▶ 骨盆周围肌群。

指导要点 ▶ 臀部贴紧半泡沫轴平面，同时保持动作缓慢而稳定。

3.2 跪姿训练动作

跪姿－胫骨前肌放松 ▃

动作步骤 ▶

01 将泡沫轴置于膝关节下方，身体呈俯卧撑势，双臂伸直，双手于肩关节下方撑地，双腿屈曲，一侧脚于踝关节处叠放于对侧脚上，对侧膝关节压于泡沫轴上。

02 保持半跪，屈髋屈膝，使泡沫轴从膝关节滚向踝关节。回到起始姿势，重复以上步骤至规定的时间。换至对侧重复以上步骤。

扫一扫，视频同步学

01

02

目标肌群 ▶ 胫骨前肌。

指导要点 ▶ 肩胛骨收紧，躯干挺直，同时保持腹肌收紧和身体稳定。

跪姿 – 单侧前臂屈肌放松 ▬

动作步骤 ▶

01 将泡沫轴置于身前垫上，身体呈跪坐姿势，躯干前倾至与地面平行，一侧手臂于肩关节下方向内屈曲支撑于地面，对侧手臂向后屈曲，腕关节压于泡沫轴上。

02 练习侧手臂向前伸直，使泡沫轴在前臂屈肌处滚动。回到起始姿势，重复以上步骤至规定的时间。换至对侧重复以上步骤。

扫一扫，视频同步学

01

02

向前伸展

目标肌群 ▶ 前臂屈肌。

指导要点 ▶ 保持躯干挺直和身体稳定。

跪姿 - 下背部拉伸

动作步骤

01 将泡沫轴置于身前垫上，身体呈跪坐姿势，躯干挺直前倾，双臂伸直且与躯干呈90度，双手掌心向上，手背压于泡沫轴上。

02 髋关节屈曲，肩关节伸展，躯干向下移至胸部与大腿接触，同时使泡沫轴由腕关节滚动至肘关节，感受下背部肌群有拉伸感。回到起始姿势，重复以上步骤至规定的次数。

扫一扫，视频同步学

关于泡沫轴

训练方案

训练动作

01

02

双臂前伸 ◀┈┈┈┈

目标肌群 ▶ 下背部周围肌群。

指导要点 ▶ 手臂保持伸直。

半轴 - 半跪姿 - 髋屈肌拉伸

动作步骤

01 将半泡沫轴曲面朝上置于垫上，身体呈半跪姿势，躯干挺直，一侧腿向前屈髋屈膝呈90度，全脚掌撑地，对侧腿向后屈膝呈90度，压于半泡沫轴上，双手扶于腰部。

02 前腿膝关节屈曲，身体重心前移，感受后腿髋屈肌有拉伸感。回到起始姿势，重复以上步骤至规定的次数。换至对侧重复以上步骤。

扫一扫，视频同步学

01

02

目标肌群 髋屈肌。

指导要点 躯干保持挺直。

半轴 - 跪姿 - 双侧腕屈伸

动作步骤

01 将半泡沫轴平面朝上置于身前垫上，身体呈跪坐姿势，躯干挺直前倾，双臂伸直且与躯干呈90度，双手掌心向下，压于半泡沫轴上。

02~03 腕关节屈曲，指尖下压约45度，接着回到起始姿势，然后腕关节伸展，手掌下压约45度。回到起始姿势，重复以上步骤至规定的次数。

扫一扫，视频同步学

01

02

手指下压

03

手掌下压

目标肌群 前臂周围肌群。

指导要点 手掌紧贴半泡沫轴平面，同时保持腹肌收紧和身体稳定。

双半轴 – 稳定 – 四点支撑 – 猫式和骆驼式练习

动作步骤

01 将两个半泡沫轴曲面朝上横向置于垫上，身体呈跪撑姿势，双臂伸直于肩关节下方，双手撑于一个半泡沫轴上，手指向前，双腿屈髋屈膝，跪于另一个半泡沫轴上，躯干与地面平行。

02~03 脊柱下压至最大幅度，做猫伸懒腰状，接着回到起始姿势，然后脊柱向上拱起至最大幅度，做骆驼状。回到起始姿势，重复以上步骤至规定的次数。

不稳定动作变式

半泡沫轴曲面朝下

目标肌群 核心肌群。

指导要点 肩胛骨收紧，同时保持动作缓慢而稳定。

34

双半轴 - 稳定 - 四点支撑 - 交替抬手

扫一扫，视频同步学

动作步骤

01 将两个半泡沫轴曲面朝上横向置于垫上，身体呈跪撑姿势，双臂伸直于肩关节下方，双手撑于一个半泡沫轴上，手指向前，双腿屈髋屈膝，跪于另一个半泡沫轴上，躯干与地面平行。

02~04 一侧手臂向上抬起至与地面平行，接着回到起始姿势，然后另一侧手臂向上抬起至与地面平行。回到起始姿势，重复以上步骤至规定的次数。

不稳定动作变式

半泡沫轴曲面朝下

关于泡沫轴

训练方案

训练动作

01

02 抬起左臂

03 还原

04 抬起右臂

目标肌群 核心肌群。

指导要点 双臂保持伸直，躯干挺直，同时保持动作缓慢而稳定。

双半轴 – 稳定 – 四点支撑 – 交替抬腿

扫一扫，视频同步学

动作步骤 ▶

01 将两个半泡沫轴曲面朝上横向置于垫上，身体呈跪撑姿势，双臂伸直于肩关节下方，双手撑于一个半泡沫轴上，手指向前，双腿屈髋屈膝，跪于另一个半泡沫轴上，躯干与地面平行。

02~04 一侧腿向后伸直至与地面平行，接着回到起始姿势，然后另一侧腿向后伸直至与地面平行。回到起始姿势，重复以上步骤至规定的次数。

不稳定动作变式 ▶

半泡沫轴曲面朝下

01

02

抬起右腿

03

还原

04

抬起左腿

目标肌群 ▶ 核心肌群。

指导要点 ▶ 躯干挺直，同时保持动作缓慢而稳定。

双半轴 – 稳定 – 手脚复合练习 ▬

动作步骤 ▶

01 将两个半泡沫轴曲面朝上横向置于垫上，身体呈跪撑姿势，双臂伸直于肩关节下方，双手撑于一个半泡沫轴上，手指向前，双腿屈髋屈膝，跪于另一个半泡沫轴上，躯干与地面平行。

02~04 一侧手臂向上抬起至与地面平行，同时其对侧腿向后伸直至与地面平行，接着回到起始姿势，然后另一侧手臂向上抬起至与地面平行，同时其对侧腿向后伸直至与地面平行。回到起始姿势，重复以上步骤至规定的次数。

不稳定动作变式 ▬

半泡沫轴曲面朝下

01 **02**

抬起右腿　抬起左臂

03 **04**

还原　还原　抬起左腿　抬起右臂

目标肌群 ▶ 核心肌群。

指导要点 ▶ 双臂保持伸直，躯干挺直，同时保持动作缓慢而稳定。

关于泡沫轴

训练方案

训练动作

双半轴 – 纵向 – 稳定 – 交替抬手

扫一扫，视频同步学

动作步骤

01 将两个半泡沫轴曲面朝上纵向置于垫上，身体呈跪撑姿势，双臂伸直于肩关节下方，双手分别撑于两个半泡沫轴上，手指向前，双腿屈髋屈膝，分别跪于两个半泡沫轴上，同侧的手臂与腿位于同一个半泡沫轴上，躯干与地面平行。

02 ~ 04 一侧手臂向上抬起至与地面平行，接着回到起始姿势，然后另一侧手臂向上抬起至与地面平行。回到起始姿势，重复以上步骤至规定的次数。

不稳定动作变式

半泡沫轴曲面朝下

01

02
抬起右臂

03
还原

04
抬起左臂

目标肌群 核心肌群。

指导要点 双臂保持伸直，躯干挺直，同时保持动作缓慢而稳定。

双半轴 – 纵向 – 稳定 – 交替抬腿

动作步骤

01 将两个半泡沫轴曲面朝上纵向置于垫上，身体呈跪撑姿势，双臂伸直于肩关节下方，双手分别撑于两个半泡沫轴上，手指向前，双腿屈髋屈膝，分别跪于两个半泡沫轴上，同侧的手臂与腿位于同一个半泡沫轴上，躯干与地面平行。

02 ～ 04 一侧腿向后伸直至与地面平行，接着回到起始姿势，然后另一侧腿向后伸直至与地面平行。回到起始姿势，重复以上步骤至规定的次数。

不稳定动作变式

半泡沫轴曲面朝下

01 02

抬起右腿

03 04

还原

抬起左腿

目标肌群 核心肌群。

指导要点 躯干挺直，同时保持动作缓慢而稳定。

关于泡沫轴

训练方案

训练动作

双半轴 – 纵向 – 稳定 – 手脚
复合练习

扫一扫，视频同步学

动作步骤

01 将两个半泡沫轴曲面朝上纵向置于垫上，身体呈跪撑姿势，双臂伸直于肩关节下方，双手分别撑于两个半泡沫轴上，手指向前，双腿屈髋屈膝，分别跪于两个半泡沫轴上，同侧的手臂与腿位于同一个半泡沫轴上，躯干与地面平行。

02～04 一侧手臂向上抬起至与地面平行，同时其对侧腿向后伸直至与地面平行，接着回到起始姿势，然后另一侧手臂向上抬起至与地面平行，同时其对侧腿向后伸直至与地面平行。回到起始姿势，重复以上步骤至规定的次数。

不稳定动作变式

半泡沫轴曲面朝下

01

02
抬起右臂
抬起左腿

03
还原
还原

04
抬起左臂
抬起右腿

目标肌群 核心肌群。

指导要点 双臂保持伸直，躯干挺直，同时保持动作缓慢而稳定。

双半轴－纵向－稳定－肘膝触碰练习

扫一扫，视频同步学

动作步骤

01 将两个半泡沫轴曲面朝上纵向置于垫上，身体呈跪撑姿势，双臂伸直于肩关节下方，双手分别撑于两个半泡沫轴上，手指向前，双腿屈髋屈膝，分别跪于两个半泡沫轴上，同侧的手臂与腿位于同一个半泡沫轴上，躯干与地面平行。

02～04 一侧手臂向上抬起至与地面平行，同时对侧腿向后伸直至与地面平行。然后抬起的手臂向躯干方向屈曲，同时对侧腿屈髋屈膝，使肘关节碰到膝关节，再重复步骤2。重复以上步骤至规定的次数。回到起始姿势，换至对侧重复以上步骤。

不稳定动作变式

半泡沫轴曲面朝下

关于泡沫轴

训练方案

训练动作

01

02
抬起左腿
抬起右臂

03
收腿
收手臂
膝肘接触

04
抬起左腿
抬起右臂

目标肌群 核心肌群。

指导要点 躯干挺直，同时保持动作缓慢而稳定。

半轴 - 稳定 - 跪姿平衡静力

扫一扫，视频同步学

动作步骤

将半泡沫轴曲面朝上置于垫上，双腿屈膝90度，跪于半泡沫轴上，躯干挺直，从头到膝呈一条直线，双手扶于腰部两侧，保持该姿势至规定的时间。

不稳定动作变式

半泡沫轴曲面朝下

目标肌群 髋关节周围肌群、核心肌群。

指导要点 可以将脚尖抬离垫子，增加难度。

42

3.3 站姿训练动作

半轴 – 站姿 – 稳定 – 双腿平衡静力 ▬

动作步骤 ▶

将半泡沫轴曲面朝上置于垫上，身体直立站于半泡沫轴上，双脚分开，躯干挺直，双手扶于腰部两侧，保持该姿势至规定的时间。

扫一扫，视频同步学

关于泡沫轴

训练方案

训练动作

目标肌群 ▶ 下肢肌群。

指导要点 ▶ 保持腹肌收紧和身体稳定。

半轴 – 站姿 – 不稳定 – 双腿平衡静力

将半泡沫轴平面朝上置于垫上，身体直立站于半泡沫轴上，双脚分开，躯干挺直，双手扶于腰部两侧，保持该姿势至规定的时间。

扫一扫，视频同步学

目标肌群 下肢肌群。

指导要点 保持腹肌收紧和身体稳定。

半轴 – 站姿 – 稳定 – 单腿平衡静力

将半泡沫轴曲面朝上置于垫上，一侧腿向后屈曲至小腿与地面平行，对侧腿支撑身体直立站立于半泡沫轴上，躯干挺直，双手扶于腰部两侧，保持该姿势至规定的时间。换至对侧重复以上步骤。

扫一扫，视频同步学

关 于 泡 沫 轴

训 练 方 案

训 练 动 作

目标肌群 ▶ 下肢肌群。

指导要点 ▶ 保持腹肌收紧和身体稳定。

半轴 – 站姿 – 不稳定 – 单腿平衡静力 ▂

动作步骤

将半泡沫轴平面朝上置于垫上，一侧腿向后屈曲至小腿与地面平行，对侧腿支撑身体直立站于半泡沫轴上，躯干挺直，双手扶于腰部两侧，保持该姿势至规定的时间。换至对侧重复以上步骤。

扫一扫，视频同步学

目标肌群 ▶ 下肢肌群。

指导要点 ▶ 保持腹肌收紧和身体稳定。

半轴 - 稳定 - 侧方迈步 ___

扫一扫，视频同步学

动作步骤

01 将半泡沫轴曲面朝上置于垫上，身体直立站于半泡沫轴上的一端，双脚分开，躯干挺直，双手扶于腰部两侧。

02~05 保持躯干直立，双脚交替向半泡沫轴的另一端迈步，直至身体移动至半泡沫轴的另一端。反方向重复以上步骤，回到起始姿势。重复以上步骤至规定的次数。

不稳定动作变式

半泡沫轴曲面朝下

关于泡沫轴

训练方案

01　02　03

训练动作

04　05

向左移动 ▸

目标肌群 ▸ 下肢肌群。

指导要点 ▸ 保持腹肌收紧和身体稳定。

半轴 – 稳定 – 双腿半蹲

扫一扫，视频同步学

动作步骤

01 将半泡沫轴曲面朝上置于垫上，躯干挺直站于半泡沫轴上，双脚分开，与肩同宽，躯干挺直，双手扶于腰部两侧。

02 保持躯干直立，身体向下半蹲至大腿与地面呈45度。回到起始姿势，重复以上步骤至规定的次数。

不稳定动作变式

半泡沫轴曲面朝下

01

02

双侧半蹲

目标肌群 股四头肌、臀大肌。

指导要点 躯干挺直，保持腹肌收紧和身体稳定。

半轴 – 瑞士球 – 稳定 – 下蹲捡球

扫一扫，视频同步学

动作步骤

01 将半泡沫轴曲面朝上置于垫上，躯干挺直站于半泡沫轴上，双脚分开，与肩同宽，躯干挺直，双手扶于腰部两侧，瑞士球置于体前。

02～04 身体向下深蹲至大腿与地面平行，躯干前倾，双臂向前伸，双手拿起瑞士球，然后伸髋伸膝站起。接着向下半蹲至大腿与地面平行，躯干前倾，将瑞士球放回。回到起始姿势，重复以上步骤至规定的次数。

不稳定动作变式

半泡沫轴曲面朝下

关于泡沫轴

训练方案

训练动作

01

02
深蹲

03
将球抱起

04
将球放下
深蹲

目标肌群 ▶ 股四头肌、臀大肌。

指导要点 ▶ 躯干挺直，保持腹肌收紧和身体稳定。

半轴 – 稳定 – 走 ▂

扫一扫，视频同步学

动作步骤 ▶

01 将半泡沫轴曲面朝上纵向置于垫上，身体直立，躯干挺直，双脚一前一后踏上半泡沫轴的一端，双手扶于腰部两侧。

02～04 保持躯干挺直，双脚交替向半泡沫轴的另一端迈步，直至身体移动至半泡沫轴的另一端，并走下半泡沫轴。回到起始姿势，重复以上步骤至规定的次数。

不稳定动作变式 ▶

半泡沫轴曲面朝下

向前移动

目标肌群 ▶ 下肢肌群。

指导要点 ▶ 保持腹肌收紧和身体稳定。

半轴 – 稳定 – 纵向 – 单腿平衡 ▬

动作步骤 ▶

将半泡沫轴曲面朝上纵向置于垫上，躯干挺直，双腿一前一后，前腿向上抬起至与地面呈45度角，后腿站在半泡沫轴上，双手扶于腰部两侧，保持该姿势至规定的时间。换至对侧重复以上步骤。

扫一扫，视频同步学

抬脚

目标肌群 ▶ 下肢肌群。

指导要点 ▶ 可以将脚尖逐渐抬高，增加难度。

半轴 – 不稳定 – 纵向 – 单腿平衡

动作步骤

将半泡沫轴平面朝上纵向置于垫上，躯干挺直，双腿一前一后，前腿向上抬起至与地面呈45度角，后腿站在半泡沫轴上，双手自然置于身体两侧保持平衡，保持该姿势至规定的时间。换至对侧重复以上步骤。

扫一扫，视频同步学

抬脚

目标肌群 下肢肌群。

指导要点 可以将脚尖逐渐抬高，增加难度。

双半轴－稳定－纵向－滑雪双腿平衡 ▂

动作步骤 ▶

将两个半泡沫轴曲面朝上纵向置于垫上，躯干挺直，双脚分开站于两个半泡沫轴上，距离与肩同宽，脚尖与半泡沫轴平行，身体向下半蹲至大腿与地面呈45度角，双手扶于腰部两侧，保持该姿势至规定的时间。

扫一扫，视频同步学

关于泡沫轴

训练方案

训练动作

膝盖微屈 ▼

目标肌群 ▶ 下肢肌群。

指导要点 ▶ 躯干挺直，保持腹肌收紧和身体稳定。

双半轴 – 不稳定 – 纵向 – 滑雪双腿平衡

扫一扫，视频同步学

动作步骤

将两个半泡沫轴平面朝上纵向置于垫上，躯干挺直，双脚分开站于两个半泡沫轴上，距离与肩同宽，脚尖与半泡沫轴平行，身体向下半蹲至大腿与地面呈45度角，保持该姿势至规定的时间。

膝盖微屈

目标肌群 下肢肌群。

指导要点 躯干挺直，保持腹肌收紧和身体稳定。

双半轴 – 稳定 – 纵向 – 滑雪单腿平衡

扫一扫，视频同步学

动作步骤

01 将两个半泡沫轴曲面朝上纵向置于垫上，距离与肩同宽，躯干挺直，双脚分开站于两个半泡沫轴上，脚尖与半泡沫轴平行，双手扶于腰部两侧。

02 保持躯干直立，身体向下半蹲，同时一侧腿向后抬起，保持该姿势至规定的时间。回到起始姿势，换至对侧重复以上步骤。

不稳定动作变式

半泡沫轴
曲面朝下

关于泡沫轴

训练方案

训练动作

目标肌群 下肢肌群。

指导要点 躯干挺直，保持腹肌收紧和身体稳定。

半轴 – 药球 – 稳定 – 深蹲

扫一扫，视频同步学

动作步骤

01 将半泡沫轴曲面朝上置于垫上，站于半泡沫轴上，双脚分开，与肩同宽，躯干挺直，双臂于胸前屈曲，双手持药球。

02~03 双臂向上推举药球至头顶上方，然后屈髋屈膝，下蹲至大腿与地面平行，同时躯干向前倾，双臂随之下砍，直至药球到达双腿之间。回到起始姿势，重复以上步骤至规定的次数。

不稳定动作变式

半泡沫轴曲面朝下

01

02

03 深蹲

目标肌群 下肢肌群、核心肌群。

指导要点 躯干挺直，保持腹肌收紧和身体稳定。

半轴 – 稳定 – 单腿蹲

扫一扫，视频同步学

动作步骤

01 将半泡沫轴曲面朝上纵向置于垫上，身体挺直，单腿站于半泡沫轴上，脚尖与半泡沫轴平行，对侧腿向后屈曲至小腿与地面呈45度角，双臂自然置于身体两侧保持平衡。

02 保持躯干挺直，身体向下半蹲至大腿与地面呈45度角，同时对侧腿向后抬起。回到起始姿势，重复以上步骤至规定的次数。换至对侧重复以上步骤。

不稳定动作变式

半泡沫轴曲面朝下

关于泡沫轴

训练方案

训练动作

01

02

单腿下蹲

目标肌群 ▶ 股四头肌、臀大肌。

指导要点 ▶ 躯干挺直，保持腹肌收紧和身体稳定。

半轴 – 稳定 – 纵向 – 分腿蹲

动作步骤

01 将半泡沫轴曲面朝上纵向置于垫上，躯干挺直，双腿一前一后站于半泡沫轴上，身体重心在前腿上，后腿脚尖接触半泡沫轴，双手扶于腰部两侧。

02 保持躯干挺直，屈髋屈膝，下蹲至前腿的大腿与地面平行，后腿膝盖与半泡沫轴接触。回到起始姿势，重复以上步骤至规定的次数。换至对侧重复以上步骤。

01

02

下蹲

膝盖接触半泡沫轴

目标肌群 股四头肌、臀大肌。

指导要点 躯干挺直，保持腹肌收紧和身体稳定。

半轴 - 不稳定 - 纵向 - 分腿蹲

扫一扫，视频同步学

动作步骤

01 将半泡沫轴平面朝上纵向置于垫上，躯干挺直，双腿一前一后站于半泡沫轴上，身体重心在前腿上，后腿脚尖接触半泡沫轴，双手扶于腰部两侧。

02 保持躯干挺直，屈髋屈膝，下蹲至前腿的大腿与地面平行，后腿膝盖与半泡沫轴接触。回到起始姿势，重复以上步骤至规定的次数。换至对侧重复以上步骤。

关于泡沫轴

训练方案

训练动作

01

02

下蹲

膝盖接触半泡沫轴

目标肌群 股四头肌、臀大肌。

指导要点 躯干挺直，保持腹肌收紧和身体稳定。

半轴 – 弹力带 – 稳定 – 平衡上提

扫一扫，视频同步学

动作步骤

01 将半泡沫轴曲面朝上置于垫上，身体直立站于半泡沫轴上，双脚分开，与肩同宽，躯干挺直，双臂屈曲，双手分别紧握弹力带的两端，并置于一侧髋部。

02 保持身体姿势不变，与髋部同侧的手臂不动，对侧手臂向对侧斜上方上拉至手臂完全伸直。回到起始姿势，重复以上步骤至规定的次数。换至对侧重复以上步骤。

不稳定动作变式

半泡沫轴曲面朝下

01

02

目标肌群 上肢肌群、核心肌群。

指导要点 避免耸肩、塌腰，保持腹肌收紧和身体稳定。

半轴 - 哑铃 - 稳定 - 双臂交替前平举

01 将半泡沫轴曲面朝上置于垫上，身体直立站于半泡沫轴上，双脚分开，与肩同宽，躯干挺直，双臂在身体两侧自然下垂，双手分别握一个哑铃，掌心向后。

02~04 保持躯干挺直，一侧手臂上抬至与地面平行，接着回到起始姿势，然后另一侧手臂上抬至与地面平行。回到起始姿势，重复以上步骤至规定的次数。

不稳定动作变式

半泡沫轴曲面朝下

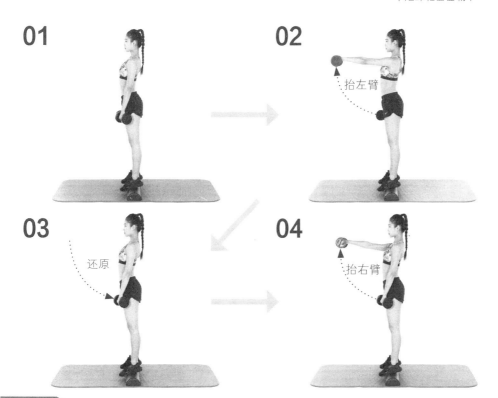

01

02 抬左臂

03 还原

04 抬右臂

目标肌群 上肢肌群、肩关节周围肌群。

指导要点 避免耸肩、塌腰，保持腹肌收紧和身体稳定。

半轴 – 哑铃 – 稳定 – 纵向站立 – 双臂前平举

动作步骤

01 将半泡沫轴曲面朝上纵向置于垫上，躯干挺直，双脚一前一后站于半泡沫轴上，双臂在身体两侧自然下垂，双手分别握一个哑铃，掌心相对。

02 保持身体姿势不变，双臂上抬至与地面平行，掌心向下。回到起始姿势，重复以上步骤至规定的次数。双脚交换前后位置，重复以上步骤。

不稳定动作变式

半泡沫轴曲面朝下

01

02

双臂平举

目标肌群 上肢肌群、肩关节周围肌群。

指导要点 避免耸肩、塌腰，保持腹肌收紧和身体稳定。

半轴 - 哑铃 - 稳定 - 双臂侧平举

扫一扫，视频同步学

动作步骤

01 将半泡沫轴曲面朝上置于垫上，身体直立站于半泡沫轴上，双脚分开，双臂在身体两侧自然下垂，双手分别握一个哑铃，掌心相对。

02 保持身体姿势不变，双臂外展至与地面平行，掌心向下。回到起始姿势，重复以上步骤至规定的次数。

不稳定动作变式

半泡沫轴曲面朝下

关于泡沫轴

训练方案

训练动作

01

02

双臂平举

目标肌群 上肢肌群、肩关节周围肌群。

指导要点 避免耸肩、塌腰，保持腹肌收紧和身体稳定。

双半轴 – 哑铃 – 稳定 – 纵向 – 双臂弯举

扫一扫，视频同步学

动作步骤

01 将两个半泡沫轴曲面朝上纵向置于垫上，距离与肩同宽，躯干挺直，双脚分开站于两个半泡沫轴上，脚尖与半泡沫轴平行，双臂在身体两侧自然下垂，双手分别握一个哑铃，掌心向前。

02 保持身体姿势不变，肘关节屈曲，将哑铃举至肩部，掌心向后。回到起始姿势，重复以上步骤至规定的次数。

不稳定动作变式

半泡沫轴曲面朝下

双臂弯举

目标肌群 ▶ 肱二头肌。

指导要点 ▶ 躯干挺直，保持腹肌收紧和身体稳定。

双半轴 – 哑铃 – 稳定 – 纵向 – 双臂侧平举

扫一扫，视频同步学

动作步骤

01 将两个半泡沫轴曲面朝上纵向置于垫上，距离与肩同宽，躯干挺直，双脚分开站于两个半泡沫轴上，脚尖与半泡沫轴平行，双臂在身体两侧自然下垂，双手分别握一个哑铃，掌心相对。

02 保持身体姿势不变，双臂外展至与地面平行，掌心向下。回到起始姿势，重复以上步骤至规定的次数。

不稳定动作变式

半泡沫轴曲面朝下

关于泡沫轴

训练方案

训练动作

01

02

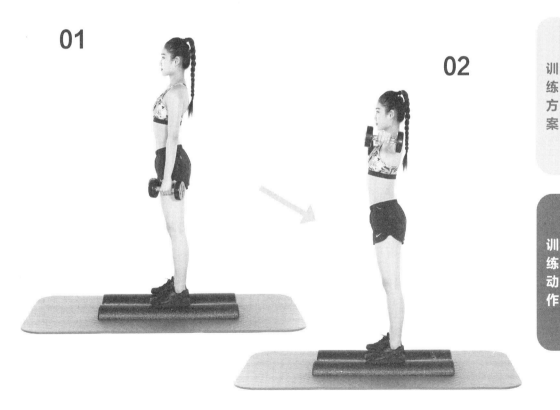

目标肌群 上肢肌群、肩关节周围肌群。

指导要点 避免耸肩、塌腰，保持腹肌收紧和身体稳定。

双半轴 – 哑铃 – 稳定 – 纵向 – 双臂前平举

扫一扫，视频同步学

动作步骤 ▶

01 将两个半泡沫轴曲面朝上纵向置于垫上，距离与肩同宽，躯干挺直，两脚分开站于两个半泡沫轴上，脚尖与半泡沫轴平行，双臂在身体两侧自然下垂，双手分别握一个哑铃，掌心相对。

02 保持身体姿势不变，双臂向前抬起至与地面平行，掌心向下。回到起始姿势，重复以上步骤至规定的次数。

不稳定动作变式 ▶

半泡沫轴曲面朝下

01

02

双臂平举

目标肌群 ▶ 上肢肌群、肩关节周围肌群。

指导要点 ▶ 避免耸肩、塌腰，保持腹肌收紧和身体稳定。

半轴 – 稳定 – 站姿 – 双侧肩外旋

扫一扫，视频同步学

动作步骤

01 将半泡沫轴曲面朝上置于垫上，身体直立站于半泡沫轴上，双脚分开，与肩同宽，躯干挺直，双臂屈曲，双手分别紧握弹力带的两端，并置于腰部两侧。

02 保持身体姿势不变，肩关节外旋，前臂向外侧拉伸弹力带。回到起始姿势，重复以上步骤至规定的次数。

不稳定动作变式

半泡沫轴曲面朝下

关于泡沫轴

训练方案

训练动作

01

02

向外拉伸

目标肌群 上肢肌群、肩关节周围肌群。

指导要点 躯干挺直，保持腹肌收紧和身体稳定。

半轴 – 站姿 – 稳定 – 单侧肩外旋

动作步骤

01 将半泡沫轴曲面朝上置于垫上，身体直立站于半泡沫轴上，双脚分开，与肩同宽，躯干挺直，双臂屈曲，双手分别紧握弹力带的两端，并置于腰部两侧。

02 保持身体姿势不变，一侧手臂固定不动，对侧肩关节外旋，前臂向外侧拉伸弹力带。回到起始姿势，重复以上步骤至规定的次数。换至对侧重复以上步骤。

不稳定动作变式

半泡沫轴曲面朝下

01

02

单侧拉伸

目标肌群 上肢肌群、肩关节周围肌群。

指导要点 躯干挺直，保持腹肌收紧和身体稳定。

半轴 - 站姿 - 单侧踝屈伸

01 将半泡沫轴平面朝上置于身前垫上，身体直立，躯干挺直，前腿屈髋屈膝，前脚踩在半泡沫轴上，后脚着地支撑身体，双手扶于腰部两侧。

02~03 保持身体姿势不变，前脚踝关节跖屈，脚尖下压，接着回到起始姿势，然后前脚踝关节背屈，脚跟下压约45度。回到起始姿势，重复以上步骤至规定的次数。换至对侧重复以上步骤。

扫一扫，视频同步学

关于泡沫轴

训练方案

训练动作

01

02

脚尖下压

03

脚跟下压

目标肌群 ▶ 踝关节周围肌群。

指导要点 ▶ 保持腹肌收紧和身体稳定。

站姿 - 靠墙深蹲

01 背对墙面站立。背部与墙之间水平夹一个泡沫轴，躯干挺直，略微屈髋，双腿向前伸直至与地面约呈60度角，双脚着地，双臂伸直，双手扶于大腿上。

02 保持躯干挺直，双腿屈髋屈膝，下蹲至大腿与地面平行，同时双手滑动到膝盖上，过程中泡沫轴在背部滚动。回到起始姿势，重复以上步骤至规定的次数。

扫一扫，视频同步学

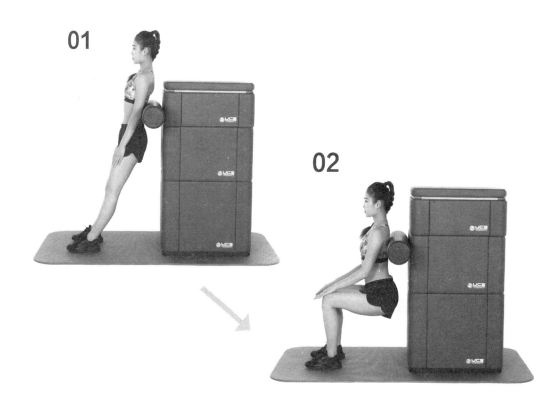

目标肌群 上肢肌群、肩关节周围肌群。

指导要点 保持腹肌收紧和身体稳定。

3.4 卧姿训练动作

仰卧 - 骶骨放松

动作步骤

01 身体呈仰卧姿势，将泡沫轴置于骶骨下方，双腿屈髋屈膝并拢，脚尖撑地，双臂侧平举。

02 躯干保持不动，双腿屈髋，使小腿抬至与地面平行。回到起始姿势，重复以上步骤至规定的次数或时间。

扫一扫，视频同步学

01

02

目标肌群 ▶ 骶骨周围肌群。

指导要点 ▶ 在肌肉酸痛点停留20秒。

仰卧 - 上背部放松

动作步骤

扫一扫，视频同步学

01 身体呈仰卧姿势，将泡沫轴放在上背部下方，双手轻扶在头后，双腿屈髋屈膝并拢，双脚全脚掌着地。

02 髋部略微抬起，髋关节和膝关节同时伸展或屈曲，使身体前后移动，泡沫轴在上背部处滚动。重复以上步骤至规定的时间。

01

02

前后滚动

目标肌群 上背部肌群。

指导要点 在肌肉酸痛点停留20秒。

仰卧 – 肩胛放松 __

扫一扫，视频同步学

动作步骤

01 身体呈仰卧姿势，将泡沫轴纵向放在脊椎下方，双臂外展侧平举，双手掌心向下撑地，双腿屈髋屈膝并拢，双脚全脚掌着地。

02~03 身体左右移动，使泡沫轴在脊椎两侧的肩胛骨之间滚动。重复以上步骤至规定的时间。

01

02

03

目标肌群 ▶ 颈部周围肌群。

指导要点 ▶ 在肌肉酸痛点停留20秒。

关于泡沫轴

训练方案

训练动作

半轴 – 仰卧 – 稳定 – 颈部放松

扫一扫，视频同步学

动作步骤

01 身体呈仰卧姿势，将半泡沫轴曲面朝上放在颈部下方，双臂自然放于身体两侧。

02~03 头部向一侧转动约45度，接着回到起始姿势，然后头部向另一侧转动约45度。回到起始姿势，重复以上步骤至规定的时间。

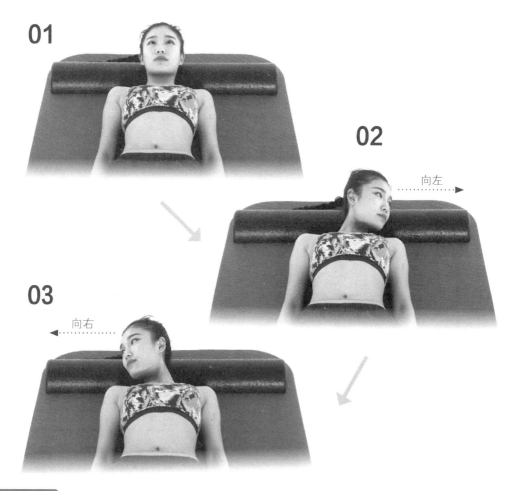

01

02 向左

03 向右

目标肌群 颈部周围肌群。

指导要点 保持腹肌收紧和身体稳定。

仰卧 - 下背部放松 ▬

01 身体呈仰卧姿势，将泡沫轴放在一侧下背部下方，臀部抬离地面，双手轻扶在头部两侧，双腿屈髋屈膝，双脚全脚掌撑地。

02 髋关节和膝关节同时伸展或屈曲，使身体前后移动，泡沫轴在下背部处滚动。重复以上步骤至规定的时间。换至对侧重复以上步骤。

扫一扫，视频同步学

关于泡沫轴

训练方案

训练动作

01

02

前后滚动

目标肌群 ▶ 下背部肌群。

指导要点 ▶ 在肌肉酸痛点停留20秒。

仰卧 - 单侧臀肌放松

01 将泡沫轴置于臀部下方，双臂伸直，撑于身体后方，背部平直，腹肌收紧，一侧小腿置于对侧膝关节上方，身体向支撑腿对侧倾斜，保持该侧整个臀部压在泡沫轴上。

02 双手推地，带动身体前后移动，使泡沫轴在臀肌处滚动。重复以上步骤至规定的时间。换至对侧重复以上步骤。

扫一扫，视频同步学

01

02

前后滚动

目标肌群 臀肌。

指导要点 在肌肉酸痛点停留20秒。

仰卧 – 单侧小腿放松

01 将泡沫轴置于一侧小腿靠近踝关节的下方，对侧腿搭在该侧腿上，双臂伸直，双手撑于身体后方，背部平直，腹肌收紧。

02 双手推地，带动身体前后移动，使泡沫轴从踝关节至腘窝来回滚动。重复以上步骤至规定的时间。换至对侧重复以上步骤。

扫一扫，视频同步学

01

02

目标肌群 小腿周围肌群。

指导要点 在肌肉酸痛点停留20秒。

关于泡沫轴

训练方案

训练动作

仰卧 - 单侧腘绳肌放松 __

动作步骤

01 将泡沫轴置于一侧大腿靠近膝关节的下方，对侧腿搭在该侧腿膝关节上，双臂伸直，双手撑于身体后方，背部平直，腹肌收紧。

02 双手推地，带动身体前后移动，使泡沫轴从腘窝至坐骨结节来回滚动。重复以上步骤至规定的时间。换至对侧重复以上步骤。

扫一扫，视频同步学

01

02

目标肌群 腘绳肌。

指导要点 在肌肉酸痛点停留20秒。

俯卧 - 单侧股四头肌放松 __

动作步骤

01 身体呈俯卧姿势，双腿伸直。一侧腿搭在对侧腿上，将泡沫轴置于大腿前侧下方，双臂屈肘，支撑于地面。

02 双肘屈伸，带动身体前后移动，使泡沫轴从膝关节上方至骨盆来回滚动。重复以上步骤至规定的时间。换至对侧重复以上步骤。

扫一扫，视频同步学

01

02

前后滚动

目标肌群 股四头肌。

指导要点 在肌肉酸痛点停留20秒。

俯卧 – 单侧肱二头肌放松 ___

动作步骤

01 身体呈俯卧姿势，一侧手臂外展侧平举，上臂压于泡沫轴上，对侧手撑地。

02 撑地侧手臂带动身体左右移动，使泡沫轴从肘关节至肩关节来回滚动。重复以上步骤至规定的时间。换至对侧重复以上步骤。

扫一扫，视频同步学

01

02

左右滚动

目标肌群 肱二头肌。

指导要点 在肌肉酸痛点停留20秒。

俯卧 - 单侧大腿内侧放松

扫一扫，视频同步学

01 身体呈俯卧姿，一侧腿外展，将泡沫轴置于该大腿内侧靠近膝关节下方。

02~03 骨盆在垂直面内旋转，使大腿在泡沫轴上左右滚动。重复以上步骤至规定的时间。换至对侧重复以上步骤。

01

02

03

目标肌群 大腿内收肌群。

指导要点 在肌肉酸痛点停留20秒。

关于泡沫轴

训练方案

训练动作

侧卧－单侧肱三头肌放松

扫一扫，视频同步学

01 身体呈侧卧姿，靠近地面侧手臂屈肘，将泡沫轴置于该侧手臂的下方，对侧手臂屈肘撑于地面，靠近地面侧腿伸直，对侧腿屈髋屈膝外展，脚放在靠近地面侧腿的膝关节的后方。

02 双腿髋关节和膝关节同时屈伸，带动身体前后移动，使泡沫轴在腋窝与肘关节间来回滚动。重复以上步骤至规定的时间。换至对侧重复以上步骤。

01

02

前后滚动

目标肌群 肱三头肌。

指导要点 在肌肉酸痛点停留20秒。

侧卧 - 单侧腰部周围放松 ▃

动作步骤 ▶

01 身体呈侧卧姿，将泡沫轴置于腰部下方，靠近地面侧手臂屈肘撑地，对侧手臂扶于泡沫轴上，靠近地面侧腿伸直，对侧腿屈髋屈膝外展，脚放在靠近地面侧腿的膝关节的前方。

02 上侧手臂伸直举过头顶，使腰部在泡沫轴上滚压。重复以上步骤至规定的时间。换至对侧重复以上步骤。

扫一扫，视频同步学

01

02

目标肌群 ▶ 腰部周围肌群。

指导要点 ▶ 在肌肉酸痛点停留20秒。

83

侧卧 - 单侧背阔肌放松 ▬

01 身体呈侧卧姿，将泡沫轴置于肩关节下方，靠近地面侧手臂伸直上举至与地面平行，对侧手撑地，靠近地面侧腿伸直，对侧腿屈髋屈膝外展，脚放在靠近地面侧腿的膝关节的前方。

02~03 身体向前和向后转动，使背阔肌在泡沫轴上滚压。重复以上步骤至规定的时间。换至对侧重复以上步骤。

扫一扫，视频同步学

01

02

03

目标肌群 ▶ 背阔肌。

指导要点 ▶ 在肌肉酸痛点停留20秒。

侧卧 - 单侧髂胫束放松 __

01 身体呈侧卧姿，将泡沫轴置于大腿外侧下方，双臂向侧卧面伸直支撑身体，靠近地面侧腿伸直，对侧腿屈髋屈膝外展，脚放在靠近地面侧腿的膝关节的前方。

02 双手推地，带动身体前后移动，使泡沫轴在膝关节至股骨大转子之间来回滚动。重复以上步骤至规定的时间。换至对侧重复以上步骤。

扫一扫，视频同步学

关于泡沫轴

训练方案

训练动作

01

02

目标肌群 髂胫束周围肌群。

指导要点 在肌肉酸痛点停留20秒。

侧卧 - 胸大肌拉伸

动作步骤

扫一扫，视频同步学

01 身体呈侧卧姿，近地侧腿伸直，对侧腿屈髋屈膝90度角，膝关节置于泡沫轴上，双臂伸直前平举，双手合掌。

02～03 保持下肢姿势不变，远地侧手臂绕过头部向身体后方展开，头向上转动，直至双臂侧平举呈一条直线，躯干前部有中等强度拉伸感。回到起始姿势，重复以上步骤至规定的次数。换至对侧重复以上步骤。

01

02

03

目标肌群 胸大肌。

指导要点 保持膝关节与泡沫轴始终接触。

侧卧 –90/90 拉伸 ▬

动作步骤 ▶

01 身体呈侧卧姿，近地侧腿伸直，对侧腿屈髋屈膝呈90度角，膝关节置于泡沫轴上，双臂伸直前平举，双手合掌。

扫一扫，视频同步学

02～04 保持下肢姿势不变，远地侧手臂绕过头部向身体后方展开，头向上转动，直至该侧手臂与地面垂直，然后该侧手臂继续向后旋转直至与地面接触，同时对侧手臂抬起至前平举，转动保持两臂间角度为90度不变；然后该侧手臂上举过头顶与地面接触，双臂呈90度角。动作过程中躯干前部有中等强度拉伸感。回到起始姿势，重复以上步骤至规定的次数。换至对侧重复以上步骤。

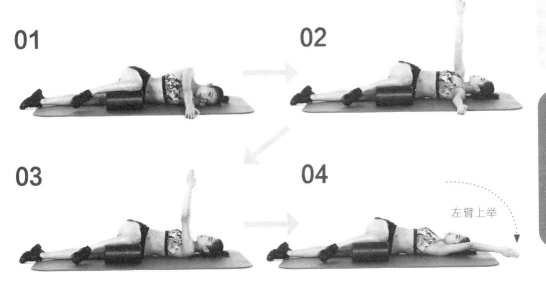

01

02

03

04

左臂上举

目标肌群 ▶ 胸大肌。

指导要点 ▶ 保持下肢和髋关节稳定。

半轴 - 稳定 - 仰卧 I 式练习

动作步骤

01 将半泡沫轴曲面朝上纵向置于垫上，身体呈仰卧姿势，头部与躯干压于半泡沫轴上，双腿屈髋屈膝，双腿全脚掌着地，双臂伸直前平举，掌心相对。

02 保持身体姿势不变，双臂举过头顶至与地面平行。回到起始姿势，重复以上步骤至规定的次数。

扫一扫，视频同步学

01

02

双手后举过头

目标肌群 ▶ 核心肌群、斜方肌。

指导要点 ▶ 膝关节不要内扣。保持腹肌收紧和身体稳定。

半轴 – 稳定 – 仰卧 Y 式练习 —

动作步骤

01 将半泡沫轴曲面朝上纵向置于垫上，身体呈仰卧姿势，头部与躯干压于半泡沫轴上，双腿屈髋屈膝，双脚全脚掌着地，双臂伸直前平举，掌心相对。

02 保持身体姿势不变，双臂斜向上举过头顶，与躯干呈Y形。回到起始姿势，重复以上步骤至规定的次数。

扫一扫，视频同步学

关于泡沫轴

训练方案

训练动作

01

02

目标肌群 ▶ 核心肌群、斜方肌。

指导要点 ▶ 膝关节不要内扣。保持腹肌收紧和身体稳定。

半轴 - 稳定 - 仰卧 T 式练习 _

动作步骤

扫一扫，视频同步学

01 将半泡沫轴曲面朝上纵向置于垫上，身体呈仰卧姿势，头部与躯干压于半泡沫轴上，双腿屈髋屈膝，双脚全脚掌着地，双臂伸直前平举，掌心相对。

02 保持身体姿势不变，双臂侧平举至与躯干呈T形。回到起始姿势，重复以上步骤至规定的次数。

01

02

目标肌群 ▶ 核心肌群、斜方肌。

指导要点 ▶ 膝关节不要内扣。保持腹肌收紧和身体稳定。

半轴 – 不稳定 – 仰卧 I 式练习

扫一扫，视频同步学

动作步骤

01 将半泡沫轴平面朝上纵向置于垫上，身体呈仰卧姿势，头部与躯干压于半泡沫轴上，双腿屈髋屈膝，双脚全脚掌着地，双臂伸直前平举，掌心相对。

02 保持身体姿势不变，双臂举过头顶至与地面平行。回到起始姿势，重复以上步骤至规定的次数。

01

02

双手后举过头

训练动作

目标肌群 ▶ 核心肌群、斜方肌。

指导要点 ▶ 膝关节不要内扣。保持腹肌收紧和身体稳定。

半轴 – 不稳定 – 仰卧 Y 式练习

扫一扫，视频同步学

01 将半泡沫轴平面朝上纵向置于垫上，身体呈仰卧姿势，头部与躯干压于半泡沫轴上，双腿屈髋屈膝，双脚全脚掌着地，双臂伸直前平举，掌心相对。

02 保持身体姿势不变，双臂斜向上举过头顶，与躯干呈Y形。回到起始姿势，重复以上步骤至规定的次数。

01

02

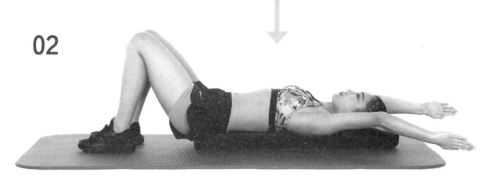

目标肌群 ▶ 核心肌群、斜方肌。

指导要点 ▶ 膝关节不要内扣。保持腹肌收紧和身体稳定。

半轴 - 不稳定 - 仰卧 T 式练习 ▃

动作步骤 ▶

01 将半泡沫轴平面朝上纵向置于垫上，身体呈仰卧姿势，头部与躯干压于半泡沫轴上，双腿屈髋屈膝，双脚全脚掌着地，双臂伸直前平举，掌心相对。

02 保持身体姿势不变，双臂侧平举至与躯干呈T形。回到起始姿势，重复以上步骤至规定的次数。

关于泡沫轴

训练方案

01

02

训练动作

目标肌群 ▶ 核心肌群、斜方肌。

指导要点 ▶ 膝关节不要内扣。保持腹肌收紧和身体稳定。

半轴 – 仰卧 – 稳定 – 手脚复合练习

动作步骤 ▶

01 将半泡沫轴曲面朝上纵向置于垫上，身体呈仰卧姿势，头部与躯干压于半泡沫轴上，双腿屈髋屈膝，双脚全脚掌着地，双臂伸直前平举，掌心相对。

02 保持躯干不动，一侧手臂上举过头顶至与地面平行，同时对侧腿伸直抬起至与地面呈45度角。回到起始姿势，重复以上步骤至规定的次数。换至对侧重复以上步骤。

01

02

右臂打开

左腿伸直

目标肌群 ▶ 核心肌群。

指导要点 ▶ 膝关节不要内扣。保持腹肌收紧和身体稳定。

半轴－仰卧－不稳定－手脚复合练习

扫一扫，视频同步学

动作步骤

01 将半泡沫轴平面朝上纵向置于垫上，身体呈仰卧姿势，头部与躯干压于半泡沫轴上，双腿屈髋屈膝，双脚全脚掌着地，双臂伸直前平举，掌心相对。

02 保持躯干不动，一侧手臂上举过头顶与地面平行，同时对侧腿伸直抬起至与地面呈45度角。回到起始姿势，重复以上步骤至规定的次数。换至对侧重复以上步骤。

关于泡沫轴

训练方案

训练动作

01

02

右臂打开

左腿伸直

目标肌群 核心肌群。

指导要点 膝关节不要内扣。保持腹肌收紧和身体稳定。

仰卧 - 手脚复合练习

动作步骤

01 将泡沫轴纵向置于垫上，身体呈仰卧姿势，头部与躯干压于泡沫轴上，双腿屈髋屈膝，双脚全脚掌着地，双臂伸直前平举，掌心相对。

02 保持躯干不动，一侧手臂上举过头顶至与地面平行，同时对侧腿伸直抬起至与地面呈45度角。回到起始姿势，重复以上步骤至规定的次数。换至对侧重复以上步骤。

扫一扫，视频同步学

01

02

右臂打开

左腿伸直

目标肌群 核心肌群。

指导要点 膝关节不要内扣。保持腹肌收紧和身体稳定。

半轴 - 稳定 - 单足支撑静力

扫一扫，视频同步学

动作步骤

01 将半泡沫轴曲面朝上纵向置于垫上，身体呈仰卧姿势，头部与躯干压于半泡沫轴上，双腿屈髋屈膝，双脚全脚掌着地，双臂自然放在身体两侧，掌心向下。

02 保持身体姿势不变，一侧脚抬离地面，对侧脚支撑身体，保持该姿势达到规定的时间。回到起始姿势，换至对侧重复以上步骤。

01

02

目标肌群 核心肌群。

指导要点 膝关节不要内扣。保持腹肌收紧和身体稳定。

半轴 – 稳定 – 单足顶髋静力

扫一扫，视频同步学

动作步骤

01 将半泡沫轴曲面朝上纵向置于垫上，身体呈仰卧姿势，头部与躯干压于半泡沫轴上，双腿屈髋屈膝，双脚全脚掌着地，双臂自然放于身体两侧，掌心向下。

02 顶髋，使身体从肩关节至膝关节呈一条直线，同时一侧脚抬离地面，对侧脚支撑身体。保持该姿势至规定的时间。回到起始姿势，换至对侧重复以上步骤。

01

02

抬起左脚

目标肌群 核心肌群。

指导要点 膝关节不要内扣。保持腹肌收紧和身体稳定。

半轴 - 稳定 - 顶髋静力 ▬

扫一扫，视频同步学

动作步骤 ▶

01 将半泡沫轴曲面朝上纵向置于垫上，身体呈仰卧姿势，头部与躯干压于半泡沫轴上，双腿屈髋屈膝，双脚全脚掌着地，双臂自然放于身体两侧，掌心向下。

02 顶髋，使身体从肩关节至膝关节呈一条直线，保持该姿势至规定的时间。

01

02

向上顶髋

关于泡沫轴

训练方案

训练动作

目标肌群 ▶ 核心肌群。

指导要点 ▶ 膝关节不要内扣。保持腹肌收紧和身体稳定。

半轴 - 不稳定 - 单足支撑静力

扫一扫，视频同步学

动作步骤

01 将半泡沫轴平面朝上纵向置于垫上，身体呈仰卧姿势，头部与躯干压于半泡沫轴上，双腿屈髋屈膝，双脚全脚掌着地，双臂自然放于身体两侧，掌心向下。

02 保持身体姿势不变，一侧脚抬离地面，对侧脚支撑身体，保持该姿势至规定的时间。回到起始姿势，换至对侧重复以上步骤。

01

02

抬起左脚

目标肌群 ▶ 核心肌群。

指导要点 ▶ 膝关节不要内扣。保持腹肌收紧和身体稳定。

半轴 – 不稳定 – 单足顶髋静力 ▬

动作步骤 ▶

01 将半泡沫轴平面朝上纵向置于垫上，身体呈仰卧姿势，头部与躯干压于半泡沫轴上，双腿屈髋屈膝，双脚全脚掌着地，双臂自然放于身体两侧，掌心向下。

02 顶髋，使身体从肩关节至膝关节呈一条直线。同时一侧脚抬离地面，对侧脚支撑身体，保持该姿势达到规定的时间。回到起始姿势，换至对侧重复以上步骤。

扫一扫，视频同步学

01

抬起左脚

02

目标肌群 ▶ 核心肌群。

指导要点 ▶ 膝关节不要内扣。保持腹肌收紧和身体稳定。

半轴 - 不稳定 - 顶髋静力

01 将半泡沫轴平面朝上纵向置于垫上，身体呈仰卧姿势，头部与躯干压于半泡沫轴上，双腿屈髋屈膝，双脚全脚掌着地，双臂自然放于身体两侧，掌心向下。

02 顶髋，使身体从肩关节至膝关节呈一条直线，保持该姿势达到规定的时间。

扫一扫，视频同步学

01

02

向上顶髋

目标肌群 核心肌群。

指导要点 膝关节不要内扣。保持腹肌收紧和身体稳定。

仰卧 – 双腿臀桥

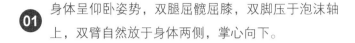

动作步骤

扫一扫，视频同步学

01 身体呈仰卧姿势，双腿屈髋屈膝，双脚压于泡沫轴上，双臂自然放于身体两侧，掌心向下。

02 顶髋，使身体从肩关节至膝关节呈一条直线。回到起始姿势，重复以上步骤至规定的次数。

关于泡沫轴

训练方案

01

02

向上顶髋 ▲

训练动作

目标肌群 核心肌群。

指导要点 膝关节不要内扣。保持腹肌收紧和身体稳定。

双半轴 - 仰卧 - 稳定 - 臀桥交替抬脚 ▂

扫一扫，视频同步学

动作步骤

01 将一个半泡沫轴曲面朝上纵向置于垫上，身体呈仰卧姿势，头部与躯干压于该半泡沫轴上，双腿屈髋屈膝，双脚踩在曲面朝上的另一个半泡沫轴上，双臂自然放于身体两侧，掌心向下。

02 顶髋，使身体从肩关节至膝关节呈一条直线，同时一侧脚抬离半泡沫轴，对侧脚支撑身体。回到起始姿势，换至对侧重复以上步骤。重复以上步骤至规定的次数。

01

02

目标肌群 ▸ 核心肌群。

指导要点 ▸ 膝关节不要内扣。保持腹肌收紧和身体稳定。

双半轴 – 仰卧 – 不稳定 – 臀桥交替抬脚 ▬

动作步骤 ▶

01 将一个半泡沫轴平面朝上纵向置于垫上，身体呈仰卧姿势，头部与躯干压于该半泡沫轴上，双腿屈髋屈膝，双脚踩在平面朝上的另一个半泡沫轴上，双臂自然放于身体两侧，掌心向下。

02 顶髋，使身体从肩关节至膝关节呈一条直线，同时一侧脚抬离半泡沫轴，对侧脚支撑身体。回到起始姿势，换至对侧重复以上步骤。重复以上步骤至规定的次数。

扫一扫，视频同步学

01

02

目标肌群 ▶ 核心肌群。

指导要点 ▶ 膝关节不要内扣。保持腹肌收紧和身体稳定。

105

半轴 - 花生球 - 仰卧 - 不稳定 - 臀桥交替抬脚

动作步骤

扫一扫，视频同步学

01 ~ 02 将半泡沫轴平面朝上纵向置于垫上，身体呈仰卧姿势，头部与躯干压于半泡沫轴上，双腿屈髋屈膝，双腿间夹一个花生球，双脚全脚掌着地，双臂自然放于身体两侧，掌心向下。然后顶髋，使身体从肩关节至膝关节呈一条直线。

03 ~ 05 一侧腿伸膝，使该侧踝关节到肩关节呈一条直线，接着回到步骤2，然后另一侧腿伸膝至该侧踝关节至肩关节呈一条直线。回到起始姿势，重复以上步骤至规定的次数。

目标肌群 大腿内侧肌群。

指导要点 保持腹肌收紧和身体稳定。

半轴 – 花生球 – 仰卧 – 稳定 – 臀桥交替抬脚

动作步骤

扫一扫，视频同步学

01~02 将半泡沫轴曲面朝上纵向置于垫上，身体呈仰卧姿势，头部与躯干压于半泡沫轴上，双腿屈髋屈膝，双膝间夹一个花生球。双脚全脚掌着地，双臂自然放于身体两侧，掌心向下。然后顶髋，使身体从肩关节至膝关节呈一条直线。

03~05 一侧腿伸膝，使该侧踝关节到肩关节呈一条直线，接着回到步骤2，然后另一侧腿伸膝至该侧踝关节至肩关节呈一条直线。回到起始姿势，重复以上步骤至规定的次数。

目标肌群 大腿内侧肌群。

指导要点 保持腹肌收紧和身体稳定。

花生球 - 仰卧 - 不稳定 - 臀桥交替抬脚

动作步骤

01 ~ 02 将泡沫轴纵向置于垫上，身体呈仰卧姿势，头部与躯干压于泡沫轴上，双腿屈髋屈膝，双膝间夹一个花生球。双脚全脚掌着地，双臂自然放于身体两侧，掌心向下。然后顶髋，使身体从肩关节至膝关节呈一条直线。

03 ~ 05 一侧腿伸膝，使该踝关节到肩关节呈一条直线，接着回到步骤2，然后另一侧腿伸膝至该侧踝关节至肩关节呈一条直线。回到起始姿势，重复以上步骤至规定的次数。

扫一扫，视频同步学

01

02

伸左腿

03

04

放下左腿

05

伸右腿

目标肌群 大腿内侧肌群。

指导要点 保持腹肌收紧和身体稳定。

仰卧 – 单腿蹬

扫一扫，视频同步学

动作步骤

01 将泡沫轴纵向置于垫上，身体呈仰卧姿势，头部与躯干压于泡沫轴上，双腿屈髋屈膝，一侧腿的大腿与地面垂直，小腿与大腿呈90度角，对侧脚全脚掌着地，双臂自然放于身体两侧，掌心向下。

02 悬空腿伸髋伸膝，向前、向下蹬直至与地面平行。回到起始姿势，重复以上步骤至规定的次数。换至对侧重复以上步骤。

关于泡沫轴

训练方案

训练动作

01

向前、向下蹬直

02

目标肌群 股四头肌。

指导要点 保持腹肌收紧和身体稳定。

半轴 - 仰卧 - 稳定 - 单腿蹬

扫一扫，视频同步学

动作步骤

01 将半泡沫轴曲面朝上纵向置于垫上，身体呈仰卧姿势，头部与躯干压于半泡沫轴上，双腿屈髋屈膝，一侧腿的大腿与地面垂直，小腿与大腿呈90度角，对侧脚全脚掌着地，双臂自然放于身体两侧，掌心向下。

02 悬空腿伸髋伸膝，向前、向下蹬直至与地面平行。回到起始姿势，重复以上步骤至规定的次数。换至对侧重复以上步骤。

01

02

向前、向下蹬直

目标肌群 股四头肌。

指导要点 保持腹肌收紧和身体稳定。

半轴 - 仰卧 - 不稳定 - 单腿蹬

动作步骤

01 将半泡沫轴平面朝上纵向置于垫上，身体呈仰卧姿势，头部与躯干压于半泡沫轴上，双腿屈髋屈膝，一侧腿的大腿与地面垂直，小腿与大腿呈90度角，对侧脚全脚掌着地，双臂自然放于身体两侧，掌心向下。

02 悬空腿伸髋伸膝，向前、向下蹬直至与地面平行。回到起始姿势，重复以上步骤至规定的次数。换至对侧重复以上步骤。

扫一扫，视频同步学

01

02

向前、向下蹬直

关于泡沫轴

训练方案

训练动作

目标肌群 股四头肌。

指导要点 保持腹肌收紧和身体稳定。

半轴 – 仰卧 – 稳定 – 双腿蹬

动作步骤

01 将半泡沫轴曲面朝上纵向置于垫上，身体呈仰卧姿势，头部与躯干压于半泡沫轴上，双腿屈髋屈膝，大腿与地面垂直，小腿与大腿呈90度角，双臂自然放于身体两侧，掌心向下。

02 双腿伸髋伸膝，向前、向下蹬直至与地面平行。回到起始姿势，重复以上步骤至规定的次数。

扫一扫，视频同步学

01

02

向前、向下蹬直

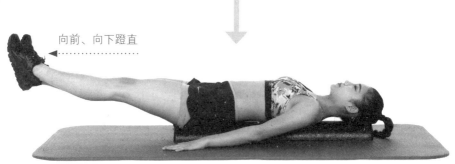

目标肌群 股四头肌。

指导要点 保持腹肌收紧和身体稳定。

半轴 - 仰卧 - 不稳定 - 双腿蹬

动作步骤

01 将半泡沫轴平面朝上纵向置于垫上，身体呈仰卧姿势，头部与躯干压于半泡沫轴上，双腿屈髋屈膝，大腿与地面垂直，小腿与大腿呈90度角，双臂自然放于身体两侧，掌心向下。

02 双腿伸髋伸膝，向前、向下蹬直至与地面平行。回到起始姿势，重复以上步骤至规定的次数。

扫一扫，视频同步学

关于泡沫轴

训练方案

训练动作

01

02

向前、向下蹬直

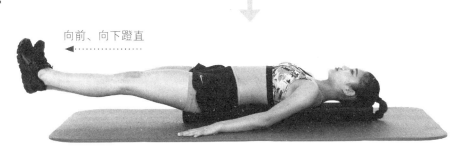

目标肌群 ▶ 股四头肌。

指导要点 ▶ 保持腹肌收紧和身体稳定。

仰卧 - 静力平衡 - 睁眼

动作步骤

将泡沫轴纵向置于垫上，身体呈仰卧姿势，头部与躯干压于泡沫轴上，双腿屈髋屈膝，双脚全脚掌着地，双臂伸直侧平举，掌心向上，眼睛睁开。保持该姿势至规定的时间。

扫一扫，视频同步学

睁眼

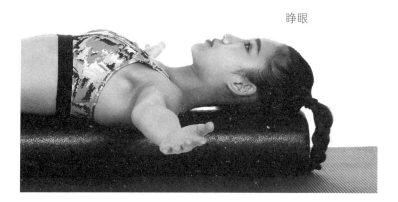

目标肌群 核心肌群。

指导要点 保持腹肌收紧和身体稳定。

仰卧 - 静力平衡 - 闭眼

动作步骤

将泡沫轴纵向置于垫上,身体呈仰卧姿势,头部与躯干压于泡沫轴上,双腿屈髋屈膝,双脚全脚掌着地,双臂伸直侧平举,掌心向上,闭眼。保持该姿势至规定的时间。

扫一扫,视频同步学

关于泡沫轴

训练方案

闭眼

训练动作

目标肌群 核心肌群。

指导要点 保持腹肌收紧和身体稳定。

115

半轴 – 仰卧 – 稳定 – 上肢交替上举

动作步骤

扫一扫,视频同步学

01 将半泡沫轴曲面朝上纵向置于垫上,身体呈仰卧姿势,头部与躯干压于半泡沫轴上,双腿屈髋屈膝,双脚全脚掌着地,双臂伸直前平举,掌心相对。

02~04 保持身体姿势不变,一侧手臂上举过头顶,同时对侧手臂下放至身体外侧,使双臂平行于地面,接着回到起始姿势,然后换另一侧手臂上举过头顶,同时对侧手臂下放至身体外侧。回到起始姿势,重复以上步骤至规定的次数。

01

02

左臂 下放至体侧　　　右臂 上举至头顶

03

还原

04

右臂 下放至体侧　　　左臂 上举至头顶

目标肌群 核心肌群。

指导要点 保持腹肌收紧和身体稳定。

半轴 – 仰卧 – 不稳定 – 上肢交替上举 _

动作步骤

01 将半泡沫轴平面朝上纵向置于垫上，身体呈仰卧姿势，头部与躯干压于半泡沫轴上，双腿屈髋屈膝，双脚全脚掌着地，双臂伸直前平举，掌心相对。

02 ~ 04 保持身体姿势不变，一侧手臂上举过头顶，同时对侧手臂下放至身体外侧，使双臂平行于地面，接着回到起始姿势，然后换另一侧手臂上举过头顶，同时对侧手臂下放至身体外侧。回到起始姿势，重复以上步骤至规定的次数。

关于泡沫轴

训练方案

训练动作

目标肌群 核心肌群。

指导要点 保持腹肌收紧和身体稳定。

作者简介

赵芮

北京体育大学运动人体科学学士，悉尼大学交互设计与电子艺术硕士；国家体育总局训练局体能中心体能检测师，为游泳、羽毛球、排球和篮球等十几个项目的国家队提供体能测试与训练服务；第四届北京体能大会现场翻译；参与编写《身体功能训练动作手册》、"儿童身体训练动作指导丛书"和"青少年身体训练动作指导丛书"，译有《运动表现测试与评估指南》一书。